7/11/24

MIXT
Paper procedent de fonts responsables
FSC® C111592

Primera edició: octubre de 2024
Textos i poemes de Joan Salvat-Papasseit
Edició a cura de Pere Martí i Bertran

Imatge revista *La Mainada*: Biblioteca de Catalunya

Impressió: Índice Arts Gràfiques
ISBN: 978-84-19747-53-2
DL: B 13365-2024

Amb el suport del Departament de Cultura
i de la Institució de les Lletres Catalanes:

Generalitat de Catalunya
Departament de Cultura

Institució de les Lletres Catalanes

@elcepilanansa
info@elcepilanansa.com
www.elcepilanansa.com

JOAN SALVAT-PAPASSEIT

Obra literària infantil

Edició a cura de Pere Martí i Bertran
Il·lustracions de Maria Espluga

EL CEP I LA NANSA
EDICIONS

Nota editorial: reproduïm els textos tal com van ser publicats a la revista *La Mainada* (1921-1923), només amb algunes esmenes tipogràfiques i ortogràfiques marcades per la normativa actual de l'IEC (Institut d'Estudis Catalans).

Índex

Introducció 7

1. Els nens de la meva escala 8

2. Dites d'infant 28

3. Pantalons llargs! 32

4. Quan soc a casa 34

Apèndix 36

Epíleg 41

Introducció

Joan Salvat-Papasseit (Barcelona, 1894-1924) és un dels escriptors més populars del nostre país. La seva poesia per a adults ha estat, i és, molt present en llibres de text i en antologies; ha estat, i és, una de les més musicades i teatralitzades; ha estat, i és, una de les més traduïdes; i ha estat, i és, una font d'inspiració per a poetes de diverses generacions. La seva prosa per a adults, tot i ser menys coneguda, també ha tingut ressò, sobretot pels seus manifestos i pels nombrosos articles publicats a la premsa de l'època.

L'obra per a infants, en canvi, és molt menys coneguda i les poques edicions que se n'han fet fins ara han estat parcials i sense tenir en compte com van ser publicades en vida del poeta. En l'edició que teniu a les mans, Pere Martí i Bertran hi ha recollit i transcrit tant els textos en prosa com els poemes que Salvat-Papasseit va publicar pensant clarament en un públic infantil, ja que ho va fer a la revista infantil *La Mainada* (1921-1923), que el considerava un col·laborador destacat.

L'obra literària infantil de Salvat-Papasseit que publiquem va acompanyada d'un epíleg que la contextualitza i es complementa amb un apèndix que recull un text que des de l'any 1921 no s'havia publicat mai i havia passat totalment desapercebut, a més de causar més d'un embolic i algunes inexactituds que s'havien anat repetint al llarg dels anys. També hi reproduïm una pàgina de *La Mainada* amb els dibuixos de Josep Serra Massana, també força desconeguts. Amb aquesta edició podem dir que es fixa definitivament l'obra literària infantil de Joan Salvat-Papasseit.

1

Els nens de la meva escala

La Mainada, 7 d'octubre de 1921, núm. 18, p. 294

A l'Anneta Badiella i Carné

La Salometa és una nena menuda, menuda, però com l'argent viu de bellugadissa i gosada. I amb uns ulls grossos, que és el que se li veu més. Porta unes calcetes curtes, i un vestidet més curt, i ara a l'istiu, amb els cabells tallats, fins sembla un xicotot. No vol que res li facin, sinó que ho vol fer sola, i quan ho aconsegueix exclama:

—Heus, mama... tota tola, he fet!, tota tola!

La Salometa té ara vint-i-vuit mesos. L'altre dia assajava de veure a galet. Té un cantiret de llauna i obria una boqueta que quasi feia por de tan oberta que era. Ui, ui, ui quina por!... El cas és que bevia i no bevia, car si aixecava el broc, no sabia engolir. I així es mullava tota. Però encara afegia:

—Heus, mama... tota tola, he fet!, tota tola!

El diumenge passat l'oncle li feia festes. I jugaven a ponts. La Salometa passava sota les cames de l'oncle, i reia... i no queia. Al vespre, en arribar el papa, la Salometa es posava a peu dret i obria les cametes i saltava:

—Pazza, papa, pazza!

A l'August anireu coneixent-lo. És un nen de cinc anys que viu al tercer pis, a vegades rebec, però ja comença d'anar a estudi i es millorarà molt. Porta un davantalet a ratlles, unes espardenyetes, i branda la cartera com si passés molts llibres. Però no en passa cap, que hi duu el berenar només. A vegades s'atura a la font del cantó i es mulla com un peix d'aquells de coloraines. Pel demés, és un bon nen, que no es mossega les ungles, s'acaba totes les sopes i fins sap dibuixar.

Mireu si en sap, que n'està segur. No vol que el contradiguin. Ahir mateix dibuixava un cavall. En fer-li observar el seu avi que aquell cavall havia cinc potes, i que els cavalls no en tenen sinó quatre, l'August va replicar:

—Oh, quatre, quatre... Els meus cavalls en tenen cinc!

En Lluís és un nen que sortirà amb la seva sempre que s'ho proposi. Avui li preguntàvem què s'estimava més ésser quan arribés a gran. I, amatent, responia:

—Jo? Capità de barco.

Però la seva mama sap que li fa por l'aigua, perquè en anar als banys, no s'hi vol acostar. I així li ho recordava, deixant-lo mig confós.

Llavors en Lluís agafa una cadira, l'adossa a la paret que fa la pica blanca de l'aigüera, obre tota l'aixeta, i, bo i posant el cap, diu, mentre es refresca victoriós:

—Veus, mama? Veus, com no em fa por l'aigua?

Ara el nostre Lluís ja es creu mariner, presumint una gorra que portarà el bell nom: «Roger de Llúria». I també uns pantalons folgats, folgats.

Al nen de la portera li diem Ricarditu. Són de Múrcia —bona gent, això sí— i fa temps que han vingut a Barcelona. El menut és més viu que deu centelles juntes i em sembla que llegeix el català. Això prova que és viu. Però també és bon xic entremaliat, campaner a col·legi, i, si ho voleu, absurde. Com que en parlarem molt, ara direm només el que vol ésser de gran.

No ens ho volia dir. Contestava amb el cap a qualsevol ofici que anàvem anomenant-li, i, com que no en sortíem, a l'últim ens ha fet:

—Jo, vui ésser caballo!

La Mainada, 14 d'octubre de 1921, núm. 19, p. 312

Als nens de les escoles Domènech, de Gràcia

La Salometa, avui, ha nascut. No volem pas dir que li hagi passat una desgràcia o que s'hagi salvat d'una i bona, sinó, molt altrament, que ha nascut a la vida dels nens intel·ligents, pronunciant la A. La A és la lletra màgica, mestressa de les lletres, i heus aquí el que ha passat.

La nostra Salometa ha agafat un diari de damunt de la taula i signant amb el dit —un ditet rodanxó però que no s'hi troba de menut— ha començat dient:

—Un, doz, trez, catra, zin... dotza, óu, úit, trez... Atxa, cota, A... aquí, A!

I ha deixat el ditet on hi havia una A, realment, com una casa. O com una piràmide bella entre les més belles, on hi haguessin escrites, com vosaltres sabeu que així és a les piràmides, damunt pedra que els segles respectaran per sempre, les sentències més nobles i els dibuixos més rics entre els dibuixos.

El papa ara demana:

—Escolta, Salometa, qui t'ha ensenyat això? —però ningú no ho sap, i serà una amigueta, certament; la nena del primer, que tot just si comença a anar a estudi i ho canta per l'escala tot pujant.

Però la Salometa no ha acabat. S'acosta vers el papa, se li enfila a la falda, i fa, obrint la maneta pel palmell:

—Mia, papa, mia: la A!

I mostra unes ratlletes dins la maneta xica, esveltes i en triangle, com la xamosa A. Ratlletes que teniu i que coneixeu tots, que altres en diuen la eme de Maria.

—Compraràs una nina, papa?, una nina piteta?...

—Sí.

—Ai!, paieeeta... una nina piteta, la Me!

I el papa li ha comprada una Pepa a la fira, que és la Pepa més grossa que ha trobat.

El nostre Ricardet, a qui anomenarem des d'ara amb aquest nom perquè si el volem nostre és per lo espavilat, ja no serà caballo. Una bona família de l'escala se'l va emportar a fora, a passar uns quants dies prop d'Arenys, i per quelcom seriós que li va ocórrer ha pogut canviar d'opinió i desig. Ha tornat un xic negre de sol i de serena arran la mar, i amb un bon tros de seny que no tenia, que la gent de la costa catalana són aciençada en tot i es fan encomanar l'enteniment.

Ja veureu que una nit (ell dormia a una cambra qual finestra reixada queia a la planta baixa del carrer) feia una lluna plena que semblava un mirall de serafins i entrava la claror dins la cambra mateixa. En el silenci viu de les nits prop la mar, pel nostre eixelebrat fill de Múrcia mateix, cosa mai sospitada, hi havia la remor fremissant i suau de l'ona fregant l'ona. I el petoneig seguit de l'aigua enamorada amb la sorra sedent, li semblava una mà que l'anés adormint, estirada, lleument, per sa galta. Mes si feien trepig al carrer s'oïa de tan clar que hom diria un martell. El nostre Ricardet cada vespre es dormia d'un cop d'aquest trepig.

Ningú no el sap poruc, però ara es tapava el cap amb els llençols, per mor de no sentir què passava al defora. Un salt al cor el feia desvetllar, i escoltava tement:

—Alabat sia Déu!..., i l'estel lluminós que ens envia. Les doootze!...

El sereno del poble, amb una veu gruixuda de xantre oficiant, declarava als veïns l'hora quieta. Apoiava el seu cos i el seu braç en la reixa mateixa que havem dit, i la seva figura entrava retallada i aparentment sinistre. En Ricardet el veia tocant als peus del llit: amb una barba llarga i una gorra estrafeta, amb una mà tot d'ossos llarga i prima. Sentia la fredor d'una basarda immensa i no tenia esma de cridar. Per fi va encendre el llum, car penjava una pera sobre el capçal del llit, i tot va esdevenir d'una claror segura i coneguda, i el malastruc sereno ja no hi era.

A l'endemà, quan entraren a la cambra, la nitra estava encesa i sota dels llençols, com una muntanyeta que cobria la neu, hi havia en Ricardet. El varen despertar, i abans que el bon dia, esguardant a tothom i amb els braços enlaire, va dir:

—Ja tinc ofici! Ara vui ésser guerrrero.

—...?

—Sí, ara vui ésser guerrero i sortiré a les nits i mataré serenos.

La Mainada, 21 d'octubre de 1921, núm. 20, p. 327

A Núria Miquel-Laporta

El padrí d'en Lluís, arribat l'altre vespre de Tordera, va portar per al futur capità de barco un bell rellotge d'or, i una cadena també d'or, tot i recomanant-li que mai s'ho deixi prendre. Que volten lladregots per les ciutats i que si acàs li prenen mai més li farà ofrena de cap mena. Que pensi que als tramvies, sobretot... que ell, el padrí, no deixa de vigilar-se sempre i mai no es treu les mans de les butxaques, i els ulls li són la guarda de què es refia més.

—Mira, Lluís, no badis. Mira que si ets distret, no et portaré cap cosa... Que siguis sempre viu!

Així és que aquest matí han sortit a passeig, i, en pujar a un tramvia, en Lluís ha pensat que calia guardar-se, talment el padrí ho deia. Ha mirat el passatge, i li ha semblat que veia un senyor sospitós. Portava unes ulleres —qui sap si les portava per a dissimular— i unes sabates blanques totes de blanc d'Espanya i unes anells als dits que lluïen molt més que una bombeta elèctrica. D'on les havia preses, en Lluís no se'n feia càrrec, però és quasi segur que les havia preses d'algun lloc. Aquest senyor que diem el tenia al costat i en Lluís s'ha atrevit:

—Vostè, senyor... Escolti: ¿Oi que no me'l prendrà el meu rellotge?, oi?

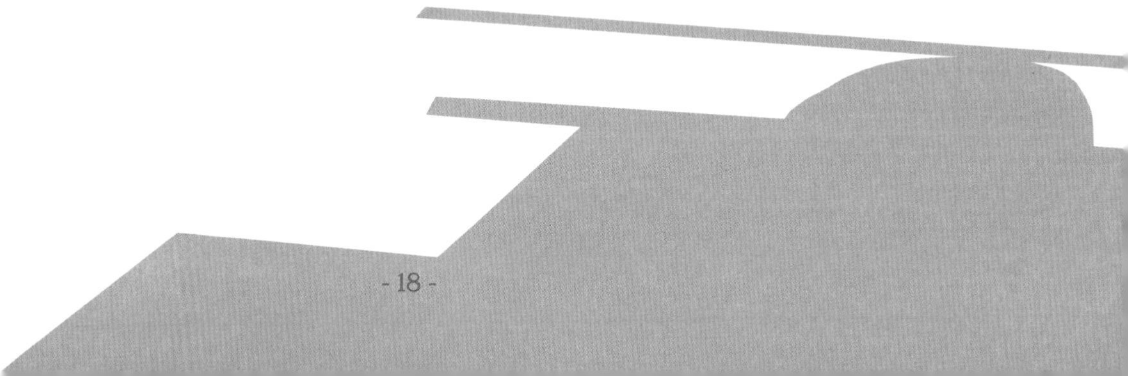

El senyor, un bon senyor, s'ha tornat de primer més vermell que una flama. Però ja el padrinet li presentava excuses. Després s'han fet amics i en Lluís, sobretot, que s'ha portat molt bé i amb els modos que cal.

La Salometa juga amb el gatet. Després de les nines, que tot just si vesteix amb mocadors i bressola a la falda, no té altre amic més franc i més alegre. El gatet es diu Miau i és negre i blanc. Corre per tot el pis, esgarria la roba apariada en el cove els dies de bugada i es persegueix la cua caragolant-se per terra. No se l'atrapa mai. Llavors la Salometa li enveja el bon jugar i crida: «Miau, aquí!». El gatet no s'atrassa, i me'ls teniu als dos embrutant-se el vestit i la pell. El vestit del Miau a vegades és net que no té pèl que visqui sense dia de festa. Net com una patena, que diem. I l'un i l'altre corren com dos petits follets.

La nostra Salometa l'agafa pel clatell, a voltes per la cua i també per les potes, l'aixeca molt enlaire i el deixa anar i tot, igual que una pilota. Però el Miau mai no piula. S'estimen tant i tant, que si no fos la mama, que ho vigila, fins dormirien junts. El gatet s'acontenta en dormir al llitet de la nena cada volta que pot, però només de dia. La mama no permet que respiri l'alè del Miau. Fora d'això, tots dos fan una sola cosa i una sola persona, i no cal retenir amb quin seny el marruix sap amagar les ungles.

Suara la Salometa el tenia pel coll. De tant com l'apretava li prenia el respir. El gatet miolava: meu, meeu, meeeu... Però a la Salometa se li acudia això:

—Paieet Miau... Canta coses!

La minyona de dalt entra amb en Miquelet. És un nen tan colrat i tan ros de cabell que sembla un bocinet de la nostra bandera. La Salometa en veure'l ha deixat el Miau, i ara el pobre gatet està tranquil.

Veureu que en Miquelet té un aspecte de nina que sortís de la capsa. O bé d'àngel caigut, de lluent i grassó. La minyona ens explica que n'ha fet una i bona no fa gaires moments.

Tot el dia arrossega cadires i s'enfila pertot i els cal vigilar molt a casa seva; altrament, tots els cocos els duria el marrec. Així i tot, sempre porta una banya brillant que sembla un fanalet, de la seva claror. Fa patir la minyona com un mal esperit. Ara me l'ha trobat a damunt dels fogons arranjant el dinar:

—Déu meu, Reina Santíssima! Què fas aquí?

Ell ja havia tirat a dintre l'escudella closques d'ou i carbó, pells de patata i ceba, una capsa de mistos i demés molta sal, molta sal. En fi, tot quan trobava... Un disgust del diable a la bona minyona, que no se'n pot sortir de cap de les maneres.

Només que en Miquelet ho fa sense malícia. Ell veu que la minyona tira coses a l'olla... i ell, vinga tirar-hi coses també.

La Mainada, 4 de novembre de 1921, núm. 22, p. 359

A la meva nebodeta Esther

—Mama, mama, on vas?

—Enlloc.

—Ai!, vui venir enlloc... ¡vui venir!

La mama havia obert la porta i no hi ha hagut manera de fer entendre a la nena que no es disposava a sortir. I ha calgut, per a estalviar-li una obsessió i unes llagrimetes, sortir de debò, no sense que el papa rondinés:

—Masses contemplacions a aquesta nena, masses contemplacions!

Però, tanmateix, el papa estava un xic cruel, car en sortir, agafadeta al coll de la mama, feia tota contenta:

—Oóie, oóie..., ¡jo vaig enlloc amb la mama!, oóie...

Han pujat al quart pis on tenen un nadó d'ahir al vespre. La Montserrat i en Jordi, els germanets, de contents que estan, semblen dos pardalets que correguessin pel pis.

La Montserrat pregunta:

—Escolta, àvia: com és que tenim un germanet? ¿I per què no tenim una germaneta?

L'àvia ha explicat això:

—Quan han trucat al pis, jo estava cercant un barret per a posar al Jordi. I vet aquí que ha arribat un menut. Si hagués demanat l'escombra, per exemple, el qui trucava hauria estat certament una nena...

Al cap d'una estona, en Jordi esguardava el cel, i l'àvia ha inquirit que cercava de veure el forat per on devia haver passat el marrec, que ha arribat, ves si és prou!, sense bolquers i tot.

Quan ha entrat la Salometa, ja hi havia qui sap les visites. En Ricardet, l'August, en Lluís, l'Anna Maria, en Miquelet i una nena castellana, si fa no fa com la Salometa, però a qui la nostra nena no entén, perquè a vint-i-nou mesos no hi ha cap català que entengui l'espanyol. Per això ha estat possible aquest diàleg:

—*Sientes, el nene, cómo llora?*

—Què dius?... tonta!

L'Anna Maria, ahir que era dilluns, començà d'anar a estudi. L'Anna Maria té quatre anys i és una nena mimada, mimada, amb totes les joguines d'aquest món i un bé de Déu de vestidets i de sabatetes que sembla una reineta. Així, doncs, va a un estudi que la tornen amb cotxe, i venen als matins a cercar-la el mateix.

L'Anna Maria és rossa com una mandarina. Però una mandarina lligada a una cinteta de blau cel, que acabés amb un llaç, que són els ulls que té l'Anna Maria. Ahir, per anar a estudi, es degué d'emportar una nina molt maca perquè no s'enyorés. I es va deixar convèncer tot seguit. Però suara aquest matí ha entrat la mainadera a la petita cambra, i en dir:

—Apa, nineta, que tens d'anar a estudi.

Ha fet l'Anna Maria:

—També? Una altra vegada?...

La Salometa sap la O. Aquesta vegada el fet no és memorable, perquè li ha estat ensenyada, però és d'assenyalar que ella coneix la lletra per tot allà on la veu. Als llibres, als diaris, a qualsevol paper on sigui impresa, tant si és grossa com xica. Però només impresa.

Pels menesters de casa, el papa té penjada una pissarra negra, i a vegades, amb guix, sol distreure la nena dibuixant-li el porró, el càntir, les cadires i tot allò que la nena li va dient:

—Papa, fes un puó...; papa, fes un cantieet; papa, fes una caïeta...

El papa ha fet una O. Damunt d'un fondo negre tot lluent d'atzabeja, una circumferència d'una blancor magnífica. I ha preguntat:

—Salometa: quina lletra és aquesta?

I la nena:

—No hi és... ietra! La iüna, és!!, la iüna!!!

2

Dites d'infant

La Mainada, 11 de maig de 1923, núm. 101, p. 317

A la nena pubilla de Josep Maria Junoy,
de tan quieta, dolça com un estel molt pàl·lid

Quin temps de Déu, aquest abril de joia! Sota el blau cel de la volta del món, tot el que es mou és sols per alegrar-se. Qui compartiria els xisclets d'orenella? Qui ho pogués fer del saltar dels pardals! Ningú, ben cert. Sabríeu dir-me per què es fa tot nou? El sol ja bat, però encara acarona i són les fulles com papallons verds. Qui estarà a casa, si sembla que cantin! Jo ho pogués dir a les meves filletes; tindria el cor talment un branquilló. «Veus —li diria a la gran, Salometa—, veus com fa bo? Collirem flors, que és la teva fal·lera: farem un pom i el durem a la mare». I així ho fem; però no l'hi puc dir. I arribaríem a casa, al migdia, i trobaríem la Núria per terra, que és petitona com un caganiu, o bé encantada, si una sargantana paret amunt solellava el seu cos.

Oh, com fa bo! De l'hort de casa s'albira el Montseny. Tant com és clar i quiet, el dia, i retallat, el Parc de Catalunya apareix ple de neu. «Vine, la Salometa: veus? Muntanyes nevades». I heus aquí la filleta que em diu: «Ja ho sé, home, ja ho sé que el fum ha pujat a les muntanyes...».

Té, la meva filleta creu que els núvols són fum, que és el fum qui vesteix el Montseny. De l'hort de casa estant, és cert, el Montseny sembla un núvol vestit de comunió.

La Núria és... Na Ganeta. De tant com és fartona, fins li faria mal. La Salometa, no; la Salometa és Na Poca Ganeta. Quantes coses cal fer perquè mengi! «A què vols que juguem, després de les sopetes? No? No vols que juguem? Doncs jo ara et cantaria una cançó que encara no la saps. Tampoc? Mira la Núria: veus com s'ho acaba tot? Aviat es farà gran; serà més gran que tu». I heus aquí que em respon: «Sí, aviat es farà gran, i ja no creurà al pare ni voldrà les sopetes».

Això de creure al pare, com l'hi faria entendre; si tot just fa quatre anys aquest maig que entrarem? No és una flor, potser, la meva Salometa? Jo la deixo jugar i trescar, fent-se mal a vegades. Quan s'ha donat un cop, o bé s'ha esgarrinxat les cametes, jo li dic: «Au, no ploris!... Que no ho veus que et fas forta?». I si em fa un ai el cor si la trobo enfilada a una tanca florida, però massa enfilada, ja la tens, replicaire: «Si em faig forta!... No veus?...».

Però he assajat de dir-li que les nenes petites sempre creuen al pare. I heus aquí tot seguit la rectificació: «No, les nenes petites no creuen; són les grans, les que creuen».

Ah! No us cregueu, tampoc, que la vulgui un marrec. Si s'enfila per tot, és perquè es fa valenta. Per què li seré obstacle que es faci decidida? Ja sembla una doneta, a vegades, també. Demés que, cada cop que es marca un petit trenc o es fa sang al genoll contra terra, no és pas per gaire dany i aprèn, amb llagrimetes que oblida fàcilment, com totes les victòries costen un xic de lluita.

Sota el sol tot el dia, es fa bruna, més bruna que un crostonet de pa. Cada vegada que cau es lliga ella mateixa un mocador a la cama.

I la Núria, Déu meu, i la Núria! Amb els seus quinze mesos, puja una rebequeta. Fins una porcelleta, m'escauria de dir-li. Es fa pipí per terra, i apa, de quatre grapes, el mateix que un caragol, fa el senyal del camí per on passa. Si et descuides un xic, ja està a sota els fogons: baves, moquets, carbó..., ja s'ha feta una cara talment un dimoniet. I entra la Salometa i li diu: «Lletja, lletja, més que lletja, la nena!». La Núria arrenca un plor. Però hi corre la mare: «S'estimen, ¿saps?, les nenes. La Núria no és cap lletja». La Salometa torna: «Doncs jo li diré lletja...». Alcshores em plau de fer-les ben iguales. «La Núria no és cap lletja, saps? Aquí la lletja ets tu: t'assembles [a] la baieta que eixuguem el pipí de la Núria». I ja me les teniu totes dues plorant.

3

Pantalons llargs!

Campaneta daurada del meu carret de fira,
cavallet de cartró, de mig pam, tot pintat;
havem caminat tant pels camins sense ira,
que ara ens cal reposar i agrair nostre fat.

Ja no tornaré més fent «osque! osque!» corrent
a carregar amb palets el teu quadrant de fusta.
Campaneta daurada, tu em sabies content.
Ara em mena la gent i tothora tinc justa.

I soc infant encara, i no puc fer-ne esment.
Cavallet de cartró, tu em sabies la joia...
Si ara jugués a córrer, què diria la gent?

Trobaran molt millor que estimi alguna noia,
tant si és bella com no —cavallet tot pintat,
campaneta daurada!— i que us deixi al terrat.

4

Quan soc a casa

De tot petit [que] no me'n recordo gens,
prô diu la mare que els fills se m'assemblen;
la més grandeta fa imatges de res,
la més menuda es rabeja per terra

—diu que jo ho feia igual que un porquet.

La més grandeta té tres anys i mig
i vol la lluna dintre el seu senatxo;
la més menuda deu mesos ja em riu,
diu papa i mama i menja amb nosaltros

—no us penseu ara que li dem pa amb vi.

Al ballmanetes les dues hi són,
la meva falda no els hi faci gelos;
si l'eucaliptus llença un raig d'olor
diu la més gran: «Mira, un arbre de peixos»

—la més petita per re arrenca un plor.

APÈNDIX

Els nens de la meva escala

La Mainada, 11 de novembre de 1921, núm. 23, p. 374
Amb tota devoció a En J. Salvat-Papasseit

Estaven sols solets en el terradet jugant a la bona de Déu, el Quicu, la Sibineta i el ploramiques del pis de dalt. I com no podia menys de succeir, esdevingué inevitablement que d'aquella reunió improvisada en nasqué la discussió fina, patèticament d'infants, acalorada fins al punt dels egoismes instintius ja des de la naixença, mes no rancorosa ni ordidora com les dels homes.

I vingué un moment en què, demés d'altres coses, la Sibineta, copejant fortament la terra, votà nerviosament per l'autenticitat en elegància i en tot de la seva nina, a qual cosa l'ajudà el Quicu resoltament. (Sempre sol ésser així en el món: rep la part més flaca.)

—Vaia, vaia que ho és de més maca la nina de la Sibineta... Vaia, vaia que ho és!

Succeí, com a coronació de l'episodi, que, degut als braceigs histèrics que donava aquest, li caigué en terra el bibelot acartronat, amb la mala fortuna de que la Sibileta, que no parava de saltar, amb un cop de peu, inadvertidament, l'hi trepitgés, ço que feu se li acabés de partir la closca en dos meitats... Compteu llavors l'ensurt que tingué aquesta i el Quicu en veure la fatal desgràcia. Volien ja escapar abans no els toqués rebre, emperò el ploramiques els deturà amb un gest fraternal de victòria definitiva, tot rioler, continuant amb valentia en el seu comès:

—Sí, però el meu paiasso és més maco, per'xò... Té dos caps i dos nassos ara!... I encara méz, ah!

I què en direm d'aquell rabequet que no para mai de moure tabola i que cada dia té un caprici nou i que cada dia ronseja per una tonteria nova! És petit, petit, es diu Josep Maria i té sis anyets només, però cregueu que se'ls fa valer, el ginjolet: els vailets del barri vos ho sabrien dir millor que jo. Cal fer constar, emperò, que d'espavilat i xistós ho és perquè sí i que gasta unes pensades, que, vaja, ni un que el doblés en edat.

Mireu, sinó; feia vuit dies que havia justament finit la mesada i amb aquestes ve que, sense preàmbuls de cap mena, mes sí únicament llençant-se amb la seva ingènua perspicàcia damunt la falda de la marona, interessa l'infantó de la manera més carinyosament que sap podrà resultar-li:

—Saps a mestre, mama, estima força a mi... Dona sants i tampes maques, saps?... Oi, donaràs diners per a pagar-li el mes, a mestre?

—Com... —diu la mare en sentir això, tota alarmada—, que no te'ls vaig donar? No fillet, ara no; fins d'aquí molts dies, si Déu vol... Llavors sí, reiet, que te'n donaré.

—No, no, ara. Si ho sabies, mama, em dona més pega dolça quan li porto diners!... I per'xò jo vull portar-n'hi forces, jo vull portar-n'hi altra vegada, de diners al mestre, sents mama?

La menuda anava dictant i el papa, amb aquella paciència inacabable, vinga escriure sempre. Havien ja omplenat dues cares de paper, i apa... Continuava la menuda «un timòbil de quatre rodes i de corda, una capsa amb llapissos de color que siguin força llargs..., després una gàbia..., no, dues gàbies pels titits...».

—Com? —murmurà el papa, deixant anar la ploma, estranyat d'aquesta pretensió tan rara—. Creus que voldran portar-te-les els Reis, dues gàbies? Digue'm sinó, bufoneta, quantes en necessita el teu tit?

—Oh, papa, papa! Tu no saps que l'altra és per als pardalets de la meva germana gran?

Esclatà sorollosament a riure ell a l'acudit de la nena. Efectivament, tenia raó: havia après aquesta, per haver-li sentit dir mantes vegades que la seva germana tenia molts pardalets i ço no ho oblidava així com així, la petita Cristineta.

Un altre dia l'angelet de la Cristineta, en sortir de passeig amb el seu papa (cal dir que de mama no en tenia, ni n'havia conegut mai, potser), va obirar per primera vegada la preada festonada de flors, que demés eren totes molt semblants a ella i en quedà meravellada. Les galtes se li enrogiren visiblement, i en veient-la així son pare, tot alegroi, li anava mostrant un per un els diferents encants de natura.

—Guaita, guaita, perleta, quants d'ocells allí al turonet!...

—Oi, papa!... Sí?..., però fugen, no?

—Sí, fugen, lluny lluuuny! Van al cel, perleta!

—Si fos ocellet, papa, oi... També hi aniria al cel, oi, papa?... Oh, i que donaria un petonet ben fort a la mama, també, si fos ocellet, jo!

Pere Pujol Casademont

ELS NENS DE LA MEVA ESCALA

A la meva nebodeta Esther

MAMA, mama, on vas?

— Enlloc.

— Ai! vui venir enlloc... ¡vui venir!

La mama havia obert la porta i no hi ha hagut manera de fer entendre a la nena que no es disposava a sortir. I ha calgut, per a estalviar-li una obsessió i unes llagrimetes, sortir de debò, no sense que el papa rondinés:

— ¡Masses contemplacions a aquesta nena, masses contemplacions! — Però tanmateix el papa estava un xic cruel, car en sortir, agafadeta al coll de la mama, feia tota contenta:

— Oóie, oóie... ¡jo vaig enlloc, amb la mama! oóie...

HAN pujat al quart pis on tenen un nadó d'ahir al vespre. La Montserrat i En Jordi, els germanets, de contents que estan, semblen dos pardalets que corressin pel pis.

La Montserrat pregunta: — Escolta, àvia: com és que tenim un germanet? ¿I per què no tenim una germaneta? — L'àvia ha explicat això:

—Quan han trucat al pis, jo estava cercant un barret per a posar al Jordi. I vet aquí que ha arribat un menut. Si hagués demanat l'escombra, per exemple, el qui trucava hauria estat certament una nena...

Al cap d'una estona, En Jordi esguardava al cel, i l'àvia ha inquirit que cercava de veure el forat per on devia haver passat el marréc, que ha arribat, ves si és prou! sense bolquers i tot.

Quan ha entrat la Salometa, ja hi havia qui sap les visites. En Ricardet, l'August, En Lluís, l'Anna Maria, En Miquelet i una nena castellana, si fa no fa com la Salometa, però a qui la nostra nena no entèn, perquè a vint-i-nou mesos no hi ha cap català que entengui l'espanyol. Per això ha estat possible aquest diàleg:

— *Sientes, el nene, como llora?*

— Què dius?... tonta!

L'Anna Maria, ahir que era dilluns, començà d'anar a estudi. L'Anna Maria té quatre anys i és una nena mimada, mimada, amb totes les joguines d'aquest món i un bé de Déu de vestidets i de sabatetes que sembla una reineta. Així, doncs, va a un estudi que la tornen amb cotxe, i vénen als matins a cercar-la el mateix.

L'Anna Maria és rossa com una mandarina. Però una mandarina lligada a una cinteta de blaucel, que acabés amb un llaç, que són els ulls que té l'Anna Maria. Ahir, per anar a estudi, es degué d'emportar una nina molt maca perquè no s'enyorés. I es va deixar convèncer tot seguit. Però suara aquest matí ha entrat la mainadera a la petita cambra, i en dir: — Apa, nineta, que tens d'anar a estudi, — ha fet l'Anna Maria:

— També? Una altra vegada?...

LA Salometa sap la O. Aquesta vegada el fet no és memorable, perquè li ha estat ensenyada, però és d'assenyalar que ella coneix la lletra per tot allà on la veu. Als llibres, als diaris, a qualsevol paper on sigui impresa, tant si és grossa com xica. Però només impresa.

Pels menesters de casa, el papa té penjada una piçarra negra, i a vegades, amb guix, sol distreure la nena dibuixant-li el porró, el canti, les cadires i tot allò que la nena li va dient:

— Papa, fés un puó... papa, fés un cantieet, papa, fés una caïeta...

El papa ha feta una O. Damunt d'un fondo negre tot lluent d'atzabeja, una circumferència d'una blancor magnífica. I ha preguntat:

— Salometa: quina lletra és, aquesta?

I la nena:

— No hi és... iétra! La iüna, és!! la iüna!!!

J. SALVAT PAPASSEIT

Font: Biblioteca de Catalunya

EPÍLEG

L'obra infantil de Joan Salvat-Papasseit

PERE MARTÍ I BERTRAN

Joan Salvat-Papasseit (Barcelona, 1894-1924), sense cap mena de dubte, és un dels grans poetes catalans del segle XX. La seva obra, sobretot la poètica, des de la dècada de 1960, en què el realisme històric va entrar amb força en la cultura catalana, no ha parat de divulgar-se i de fer-se popular: musicacions de poemes, recitals, muntatges teatrals basats en la seva obra, estudis i noves edicions, presència en antologies i en llibres de text, traduccions a més d'una dotzena de llengües i lectura habitual, sobretot a l'ensenyament secundari i al Batxillerat, en són les millors mostres.

La curta vida, les dificultats econòmiques que va patir, les estades en balnearis per mirar de mitigar els efectes de la tuberculosi, els manifestos i els escrits tant avantguardistes com obreristes i, sobretot, la mitja dotzena de llibres de poesia que va publicar, cinc en vida (*Poemes en ondes hertzianes*, *L'irradiador del port i les gavines*, *Les conspiracions*, *La gesta dels estels* i *El poema de la rosa als llavis*) i un de pòstum (*Óssa menor*), han estat estudiats i divulgats, i són, per tant, a l'abast de tothom.

No passa pas el mateix amb l'obra infantil del poeta barceloní, que no podem pas qualificar de desconeguda, però sí que podem dir que ha estat molt poc estudiada i ben poc divulgada, i que els pocs estudis i les poques edicions que se n'han fet sovint contenen errors diversos. Recuperar l'obra infantil original tal com es va publicar en vida del poeta i mirar de desfer els mals entesos que l'han acompanyada és l'objectiu d'aquest epíleg i d'aquesta edició.

La revista *La Mainada* i Salvat-Papasseit

Tot i que alguns escrits i diversos poemes de Salvat-Papasseit s'han publicat en llibres de text de primària o en antologies i col·leccions infantils, podem afirmar que l'obra pròpiament infantil de Salvat-Papasseit es redueix als textos de prosa poètica i als poemes que va publicar a la revista infantil *La Mainada*, ja que ho va fer en vida, per decisió pròpia i com a col·laborador des dels primers números, com consta en diverses llistes de col·laboradors que la mateixa revista va anar publicant.

La Mainada va néixer el 10 de juny de 1921, en ple auge del catalanisme polític i cultural, i va ser clausurada per la dictadura de Primo de Rivera el novembre de 1923. Es tracta d'una revista infantil d'arrels clarament catalanistes, catòliques i noucentistes pensada per a la formació i l'entreteniment dels infants i els joves de Catalunya, que es veuen com el futur del país. «El nostre objectiu principal i primordial és *fer catalans bons* [cursiva a l'original]», diu un fullet propagandístic de la revista. En són les ànimes Avel·lí Artís i Balaguer (Vilafranca del Penedès, 1881 - Mèxic, 1954) i Joan Laguia i Lliteras (València, 1890 - Madrid, 1937) i compten amb una colla de col·laboradors ben significatius i amb uns mitjans certament importants per l'època. En part, va néixer per intentar mitigar la influència i el predomini d'*En Patufet* entre els infants i els joves, ja que la revista, nascuda l'any 1904 i ben consolidada a la dècada de 1920, no acabava de fer el pes a una part de la intel·lectualitat, la més propera al Noucentisme, la més urbana, la més oberta a Europa, ja que la considerava excessivament ruralista, popular i localista. És per això que intel·lectuals de la talla de Josep Carner, Carles Riba, Antoni Rovira i Virgili, Marià Manent, Clementina Arderiu i Lola Anglada, entre d'altres, hi consten com a col·laboradors des del primer número.

És en aquesta revista, molt propera en molts aspectes als ideals de Salvat-Papasseit, on trobem els textos que podem considerar infantils de l'autor de *La gesta dels estels*. Es tracta d'un conjunt de dinou proses poètiques breus, agrupades en cinc blocs o lliuraments, i de dos poemes, que comentarem tot seguit.

Les proses de Salvat-Papasseit a *La Mainada*

Salvat-Papasseit va agrupar les dinou proses poètiques breus que va publicar a *La Mainada* en cinc lliuraments.

Els quatre primers es publiquen l'any 1921, concretament als números 18 (7-10-1921, p. 294), 19 (14-10-1921, p. 312), 20 (21-10-1921, p. 327) i 22 (4-11-1921, p. 359) [val a dir que la paginació és anual], sota una mateixa capçalera, titulada «Els nens de la meva escala», tancada en un rectangle que també inclou dues carones de nenes. Cada col·laboració consta d'un conjunt de proses breus, i de mida diversa, que expliquen alguna anècdota d'infants de menys de sis anys que, tal com se suposa pel títol, formen part del veïnatge de l'escala del poeta, tot i que, com han destacat alguns crítics, no sembla realista que famílies de classes socials tan diverses visquessin en una mateixa escala. La majoria de proses les protagonitza la Salometa, la filla del poeta, «una nena menuda, menuda, però com l'argentviu de bellugadissa i gosada.» En d'altres, tot i que en alguna també hi pot aparèixer la Salometa, els protagonistes són l'August, «un nen de cinc anys que viu al tercer pis»; en Lluís, «és un nen que sortirà amb la seva sempre que s'ho proposi»; en Ricarditu, el fill de la portera, que són de Múrcia, «bona gent, això sí», i que més endavant esdevé «Ricardet, a qui anomenarem des d'ara amb aquest nom, perquè si el volem nostre és per lo espavilat»; en Miquelet, «un nen tan colrat i tan ros de cabell que sembla un bocinet de la nostra bandera»; la Montserrat i en Jordi, del quart pis, que han tingut un germanet, i l'Anna Maria, que «té quatre anys i és una nena mimada, mimada, amb totes les joguines d'aquest món i un bé de Déu de vestidets i de sabatetes que sembla una reineta».

Aquestes quatre primeres col·laboracions, a més de la capçalera, van acompanyades d'onze petites il·lustracions de base clarament realista i de línia clara, molt habituals en dibuixants del moment com Lola Anglada, Josep Serra Massana, Junceda i Joan Llaverias, entre d'altres. La majoria (set del total) són de la Salometa, tot i que també hi trobem representats, en una ocasió cadascun, en Ricardet, en Lluís, la Montserrat i l'Anna Maria, així com el cavall de cinc potes que l'August dibuixa a la prosa que protagonitza. Totes, menys una, apareixen sense signar i per l'estil podem deduir que són del mateix autor que les cares de la capçalera; la signada, que trobem al número 20, és la d'en Lluís, i ens permet d'identificar-ne l'autor, ja que porta una signatura minúscula (JSM), que l'estil ens confirma que es tracta de Josep Serra Massana (Igualada, 1896 - Barcelona, 1980), col·laborador habitual de la revista.

Aquests quatre lliuraments encara tenen una altra característica en comú: tots porten una dedicatòria que s'ha suprimit en les edicions posteriors i que nosaltres hem mantingut, naturalment. La primera, «A l'Anneta Badiella i Carné».[1] La segona, «Als nens de les escoles Domènech, de Gràcia».[2] La tercera, «A Núria Miquel-Laporta».[3] La quarta és familiar: «A la meva nebodeta Esther».

El cinquè lliurament és de l'any 1923 i concretament es va publicar al número 101 (11-5-1923, p. 317), amb un títol nou: «Dites d'infant». Podem dir que amb els anteriors només comparteix, a part d'alguns aspectes formals (també el formen cinc proses breus, introduïdes per una caplletra, però aquí a més separades per tres asteriscs; té dedicatòria a sota del títol...), el fet de tenir la Salometa, a punt de fer quatre anys, com a protagonista; un protagonisme que aquí comparteix amb la seva germaneta Núria, de quinze mesos. No hi ha capçalera, només el títol en majúscules i una sanefa que encapçala la pàgina; han desaparegut la resta de personatges, ja que a la primera prosa ja ens diu que viuen en una caseta amb hort, des del qual «s'albira el Montseny»;[4] i no hi ha il·lustracions, ni al text ni al títol.

Aquest cinquè lliurament, com he apuntat, també té dedicatòria: «A la nena pubilla de Josep Maria Junoy, de tan quieta, dolça com un estel molt pàl·lid».[5] A diferència de les anteriors, aquesta dedicatòria sí que s'ha mantingut en totes les edicions posteriors de «Dites d'infant», excepció feta d'una edició de les Publicacions de l'Abadia de Montserrat.[6]

Tots cinc textos, és clar, comparteixen la signatura de l'autor, que apareix sempre al final, en versaleta: «J. Salvat-Papasseit». En algun text (hem de suposar que per una errada tipogràfica), hi apareix sense el guió: «J. Salvat Papasseit».

Aquests cinc lliuraments de textos infantils en prosa salvatians publicats a *La Mainada* es van recopilar pocs anys després de la mort del poeta (agost de 1924), com a homenatge a la seva figura i reivindicació de la seva obra. L'any 1926, tot i que sense datar, la Llibreria Nacional Catalana, que el poeta havia dirigit, va publicar, amb impressió de Joaquim Horta i Boadella (Barcelona, 1878-1956), amic del poeta, l'àlbum *Els nens de la meva escala*, en un format horitzontal (25,5 x 21,5 cm.), enquadernat en cartoné i amb totes les proses que Salvat-Papasseit va publicar a *La Mainada*, tant les de la capçalera «Els nens de la meva escala» com les de «Dites d'infant».

L'edició té tres diferències fonamentals respecte de les proses publicades a *La Mainada*. La primera és merament formal: els curadors no van respectar l'ordre en què van sortir publicades a *La Mainada*. La segona fa referència a alguns canvis significatius que es van fer al text, sobretot pel que fa a la supressió de castellanismes, tant lèxics com morfosintàctics. Hi ha un canvi, però, que va més enllà, ja que se'n substitueix un fragment significatiu, sigui per la censura que imposava la dictadura de Primo de Rivera, sigui perquè es va considerar políticament incorrecte. El fragment és el següent: «Quan ha entrat la Salometa, ja hi havia qui sap les visites. En Ricardet, l'August, en Lluís, l'Anna Maria, en Miquelet i una nena castellana, si fa no fa com la Salometa, però a qui la nostra nena no entén, perquè a vint-i-nou mesos no hi ha cap català que entengui l'espanyol»; text que a l'edició del 1926 es converteix en: «Quan ha entrat la Salometa, ja hi havia qui sap les visites. En Ricardet, l'August, en Lluís, l'Anna Maria, en Miquelet i una nena castellana, si fa no fa com la Salometa, però a la qual la nostra nena no entén, perquè a vint-i-nou mesos no hi ha cap nena que entengui altra llengua que la de la mareta».[7] Enlloc no he trobat raons de tots aquests canvis, ni de qui els va autoritzar. El que és clar és que Salvat-Papasseit no hi va poder donar el vistiplau, ja que havia mort un parell d'anys abans. I el que també és clar és que es va considerar que la nova distribució de les proses i els canvis al text eren originals, tal com ho havia escrit Salvat-Papasseit, ja que totes les publicacions posteriors, tant les adreçades a infants com a adults, els han mantingut. La raó fonamental, diria jo, és que cap dels recopiladors posteriors va anar a les fonts, és a dir, a la revista *La Mainada*.

La tercera té relació amb les il·lustracions, que es va encarregar al dibuixant, decorador i escenògraf Emili Ferrer i Espelt (Barcelona, 1899-1970), amic de Salvat-Papasseit, a qui ja havia fet un exlibris, que era col·laborador de la revista *D'Ací i D'Allà* i ja havia il·lustrat altres obres infantils. El conjunt està format per tres il·lustracions de pàgina a tot color en què apareix la Salometa, més dotze de petites que, com ja havia fet Serra Massana a *La Mainada*, reprodueixen els infants protagonistes de les proses, amb domini clar de la Salometa, així com el cavall de cinc potes de l'August. Totes il·lustren «Els nens de la meva escala», cap «Dites d'infant».

Aquest canvi d'il·lustrador, tan significatiu, va passar desapercebut per a la majoria d'estudiosos i d'editors de l'obra en prosa de Salvat-Papasseit, fins al punt que alguns arriben a afirmar que Ferrer també és l'autor de les il·lustracions de *La Mainada,*[8] la qual cosa demostra, com he apuntat, que no havien anat a les fonts, és a dir, a *La Mainada*.

Els poemes de Salvat-Papasseit a *La Mainada*

Com he dit anteriorment, Salvat-Papasseit només va publicar dos poemes a *La Mainada*. El primer ja apareix al número 2 (17-6-1921, p. 26), concretament a la secció «Els nostres poetes», una de les poques que es va mantenir al llarg dels gairebé tres anys d'existència de la revista. Es tracta del poema titulat «Pantalons llargs!», que comparteix pàgina amb «Tamborinada», de Josep Carner, i amb «La mare i l'infant», de Joan Arús. El poema salvatià ja s'havia publicat a *La Revista*[9] i al volum *L'irradiador del port i les gavines* (Editorial Atenes, 1921), cosa que no es fa constar a *La Mainada*. Hi trobem lleus diferències de puntuació i tres de significatives: la primera, que a *La Mainada* el títol porta una admiració final, que no trobem en cap de les altres edicions; la segona, que a *La Mainada* no apareix amb cap mena de dedicatòria, mentre que tant a *La Revista* com al llibre el dedica «A J. M. López-Picó»;[10] la tercera, que a *La Mainada* el poema té l'estructura típica del sonet, mentre que a *La Revista* i a *L'irradiador del port i les gavines* els dos tercets queden convertits en dues estrofes de quatre i dos versos, és a dir, segueixen el model de l'anomenat sonet anglès o isabelí. Aquesta estructura és la que s'ha mantingut en totes les edicions posteriors.

Per trobar un altre poema de Salvat-Papasseit a *La Mainada* haurem d'esperar al calendari de 1923 (p. 62), publicat el desembre del 1922. Es tracta del poema inèdit «Quan soc a casa», que Tomàs Garcés va publicar i comentar,[11] sempre esmentant-ne la publicació a *La Mainada*, alhora que en va corregir una errada tipogràfica del primer vers, correcció que han mantingut pràcticament totes les edicions posteriors i que nosaltres hem indicat entre claudàtors. Es tracta d'un poema clarament infantil que, a diferència del primer, no parla de la seva infantesa, sinó de la infantesa de les seves filles, protagonistes de bona part dels textos en prosa que ja he comentat, així com de les postals que els va enviar, sobretot a la Salometa, i que Amadeu-J. Soberanas i Lleó va recollir i estudiar.[12]

Una anècdota d'«Els nens de la meva escala»

Al núm. 23 (11-11-1921, p. 374) de *La Mainada*, amb el mateix títol i la mateixa capçalera de les proses poètiques breus de Salvat-Papasseit publicades als números anteriors, apareix una nova col·laboració d'«Els nens de la meva escala» que té les mateixes característiques tipogràfiques i formals (proses breus introduïdes per una caplletra, dedicatòria sota la capçalera, signatura al final en versaleta...), però sense il·lustracions. De seguida, però, ens adonem que no hi té res a veure, ja que la signatura és de PERE PUJOL CASADEMONT;[13] la dedicatòria és «Amb tota la devoció a En J. Salvat-Papasseit» i el contingut només s'hi assembla en el fet que els protagonistes també són infants, tots diferents dels presents als textos salvatians, dels quals també s'explica alguna anècdota. L'estil, però, canvia radicalment: més moralitzant, menys col·loquial i menys poètic, amb molts més diminutius... Aquesta cinquena prosa, també encapçalada amb el títol «Els nens de la meva escala», no s'ha inclòs, naturalment, en cap de les edicions posteriors de l'obra de Salvat-Papasseit. Alguns estudiosos l'han esmentada, d'altres l'han ignorada, però el cert és que ha provocat més d'un malentès.[14] Nosaltres, ja que és un text que no s'ha tornat a publicar mai al llarg d'aquests cent anys, l'hem volgut reproduir en apèndix, tant per desfer equívocs com per oferir la possibilitat de contrastar dos estils tan diferents malgrat la contemporaneïtat.

Notes

1. Es tracta de la filla de l'industrial, polític i mecenes Emili Badiella i Ribas (Terrassa, 1875-1929), a qui Salvat-Papasseit també va dedicar alguns textos, com l'obra *La gesta dels estels* (1922) i el poema «Nadal», de *L'irradiador del port i les gavines* (1921), volum que n'inclou un altre, «Els tres Reis de l'Orient», dedicat al fill, Elias Badiella.

2. Les escoles van ser fundades l'any 1901 per Adela Domènech i el seu marit, Josep Maria Llinàs. L'any de la dedicatòria les dirigia el pedagog Artur Martorell i Bisbal (Barcelona, 1894-1967), un dels grans renovadors de l'ensenyament català. A més, uns alumnes de l'escola van fer una entrevista a Salvat-Papasseit per al butlletí *Escola*, que va sortir publicada al núm. 4 gener de 1920 i que podem llegir al volum *L'incendiari de mots. Cartes inèdites, articles i poemes esparsos*, F. Aisa i M. Vidal (eds.), Tarragona, Lo Diable Gros, 2019, p. 128-130.

3. Es tracta de la filla del sastre Antoni Miquel, que va tenir un paper destacat en les entitats culturals de la Barceloneta.

4. Salvat-Papasseit i la família, l'any 1923, s'havien traslladat a una torreta d'Horta, com han assenyalat diversos estudiosos seus.

5. Suposem que es refereix a Josefina Junoy (1917-1928), filla del primer matrimoni del poeta i periodista Josep Maria Junoy i Muns (Barcelona, 1887-1955), amb qui Salvat va publicar *Poemes & Cal·ligrames* a la Llibreria Nacional Catalana (1920), ja que la qualifica de «pubilla»; tot i que també es podria referir a Montserrat Junoy i Ricart (1921-2007), filla del segon matrimoni.

6. J. Salvat-Papasseit, *Els nens de la meva escala*, Barcelona, Publicacions de l'Abadia de Montserrat, il·lustracions de Montse Tobella, 1979. (Llibres del Sol i de la Lluna; 1)

7. Tots aquests canvis no solament no s'indiquen, sinó que a la pàgina de crèdits hi ha una nota que pot resultar equívoca i que pot ser que hagi provocat errors en edicions posteriors, ja que diu textualment: «Aquest llibre es publica conservant la forma i ortografia dels originals apareguts en *La Mainada*». Sobta pels canvis lingüístics, però també perquè la primera prosa publicada a la revista era una presentació de la Salometa, la filla del poeta i principal protagonista de les proses. A l'edició de 1926 el text de presentació passa a ser el tercer, mentre que el dedicat a en Lluís ocupa el primer lloc, i fins i tot un text protagonitzat per la Salometa i el seu gatet, publicat originàriament al tercer lliurament, al del núm. 20 de la revista, hi passa al davant.

8. Només dos exemples: J. M. Sobré, al volum *Joan Salvat-Papasseit mots-propis i altres proses*, Barcelona, Edicions 62, 1975 (Antologia Catalana; 81), diu textualment: «Tant el llibre com els capítols de *La Mainada* anaven acompanyats d'uns dibuixos d'Emili Ferrer»; i Carme Arenas, curadora de l'*Obra Completa* de Joan Salvat-Papasseit (Editorial Galaxia Gutenberg / Cercle de Lectors, 2007), també diu textualment, millorant l'error de J. M. Sobré però encara creient-se'l: «Tant el llibre com els lliuraments de *La Mainada* anaven acompanyats d'uns dibuixos, diferents en cada edició, d'Emili Ferrer».

9. Concretament surt publicat, juntament amb «Tot l'enyor de demà», al núm. 133, de l'1 d'abril de 1921, p. 101.

12. *Postals a les filles*, A. J. Soberanas i Lleó (curador), Barcelona, Edicions de La Magrana, 1986.

13. Pere Pujol Casademont (Sant Feliu de Guíxols, 1901-1965) va ser un col·laborador força habitual de *La Mainada*, en la qual va publicar tant poemes com textos en prosa des dels primers números. També va col·laborar en altres revistes catalanistes com *Flames Noves* o *Joventut Catalana*, que va dirigir. Va ser conegut sobretot per l'informe d'urgència sobre el patrimoni gironí del 5-8-1936, que ha estudiat a fons Joaquim Nadal i Farreras (*Butlletí de la Societat Catalana d'Estudis Històrics*, núm. XXIX, 2018, p. 267-278) i per la sèrie *Àlbum Meravella*, que va dirigir i editar.

14. Vegeu Pere Martí i Bertran, «Joan Salvat-Papasseit i la revista *La Mainada*», *Els Marges*, núm. 133 (primavera de 2024), p. 12-26.

10. Josep Maria López-Picó (Barcelona, 1886-1959) va ser un poeta, prosista i editor noucentista que, entre moltes altres activitats, va ser fundador de *La Revista* (1915-1936).

11. El reprodueix sencer a l'article «Salvat-Papasseit i el mite de la infantesa», publicat a *Sobre Salvat-Papasseit i altres escrits*, Barcelona, Editorial Selecta, 1972, p. 55-56. I, naturalment, a l'edició *Poesies* (Ariel, 1962, p. 347), en la qual fa un esbós biogràfic del poeta.